Dieses Reittagebuch gehört:

_____

Modartis

Mein Pferd: _____

☐ Stute   ☐ Hengst   ☐ Wallach

Spitzname:_____

Geburtstag:_____

Fellfarbe:_____

Abzeichen:_____

Rasse:_____

Mama:_____

Papa:_____

Besitzer:_____

Anschrift:_____

Telefon:_____

Wichtige Telefonnummern:

Tierarzt	
Tierklinik	
Schmied	
Stallbesitzer	
Reitbeteiligung	
Sattler	
Pferdetransport	
Hufpfleger	
Züchter	
Vorbesitzer	
Zuchtverband	
Verein	
Reitlehrer	
Trainer	
Pferdezahnarzt	

Futterplan:

Morgens _____

_____

Mittags _____

_____

Abends _____

_____

Medikamente:

Medikamente	Dosierung	von–bis (Datum)
_____	_____	_____
_____	_____	_____
_____	_____	_____
_____	_____	_____
_____	_____	_____
_____	_____	_____
_____	_____	_____
_____	_____	_____

Termine Hufschmied:

Datum   Eisen / Ausschneiden

-----------------   -----------------------

-----------------   -----------------------

-----------------   -----------------------

-----------------   -----------------------

-----------------   -----------------------

-----------------   -----------------------

-----------------   -----------------------

-----------------   -----------------------

-----------------   -----------------------

-----------------   -----------------------

-----------------   -----------------------

-----------------   -----------------------

-----------------   -----------------------

-----------------   -----------------------

-----------------   -----------------------

-----------------   -----------------------

Tierarzt:

Datum	Impfung / Behandlung / Zähne
------------------------------	------------------------------
------------------------------	------------------------------
------------------------------	------------------------------
------------------------------	------------------------------
------------------------------	------------------------------
------------------------------	------------------------------
------------------------------	------------------------------
------------------------------	------------------------------
------------------------------	------------------------------
------------------------------	------------------------------
------------------------------	------------------------------
------------------------------	------------------------------
------------------------------	------------------------------
------------------------------	------------------------------
------------------------------	------------------------------

Nächste Wurmkur:

Datum	Welche Wurmkur?
-----------------	-------------------------------
-----------------	-------------------------------
-----------------	-------------------------------
-----------------	-------------------------------
-----------------	-------------------------------
-----------------	-------------------------------
-----------------	-------------------------------
-----------------	-------------------------------
-----------------	-------------------------------
-----------------	-------------------------------
-----------------	-------------------------------
-----------------	-------------------------------
-----------------	-------------------------------
-----------------	-------------------------------
-----------------	-------------------------------
-----------------	-------------------------------

Turniere / Fortbildung:

_____

_____

_____

_____

_____

_____

_____

_____

_____

_____

_____

_____

_____

_____

_____

Sonstiges

Datum:_____ Stimmung: 😃 😐 😟

☐ Reiten (Platz / Gelände)_____

☐ Longieren / Bodenarbeit_____

☐ Medikamente_____

☐ _____

☐ _____

Datum:_____ Stimmung: 😃 😐 😟

☐ Reiten (Platz / Gelände)_____

☐ Longieren / Bodenarbeit_____

☐ Medikamente_____

☐ _____

☐ _____

Datum:_____ Stimmung: 😃 😐 😟

☐ Reiten (Platz / Gelände)_____

☐ Longieren / Bodenarbeit_____

☐ Medikamente_____

☐ _____

☐ _____

Datum:_____   Stimmung: 😀 😐 😟

☐ Reiten (Platz / Gelände)_____

☐ Longieren / Bodenarbeit_____

☐ Medikamente_____

☐ _____

☐ _____

Datum:_____   Stimmung: 😀 😐 😟

☐ Reiten (Platz / Gelände)_____

☐ Longieren / Bodenarbeit_____

☐ Medikamente_____

☐ _____

☐ _____

Datum:_____   Stimmung: 😀 😐 😟

☐ Reiten (Platz / Gelände)_____

☐ Longieren / Bodenarbeit_____

☐ Medikamente_____

☐ _____

☐ _____

Datum:_____   Stimmung:

- [ ] Reiten (Platz / Gelände)_____
- [ ] Longieren / Bodenarbeit_____
- [ ] Medikamente_____
- [ ] _____
- [ ] _____

Datum:_____   Stimmung:

- [ ] Reiten (Platz / Gelände)_____
- [ ] Longieren / Bodenarbeit_____
- [ ] Medikamente_____
- [ ] _____
- [ ] _____

Datum:_____   Stimmung:

- [ ] Reiten (Platz / Gelände)_____
- [ ] Longieren / Bodenarbeit_____
- [ ] Medikamente_____
- [ ] _____
- [ ] _____

Datum:_____   Stimmung:

☐ Reiten (Platz / Gelände)_____

☐ Longieren / Bodenarbeit_____

☐ Medikamente_____

☐ _____

☐ _____

Datum:_____   Stimmung:

☐ Reiten (Platz / Gelände)_____

☐ Longieren / Bodenarbeit_____

☐ Medikamente_____

☐ _____

☐ _____

Datum:_____   Stimmung:

☐ Reiten (Platz / Gelände)_____

☐ Longieren / Bodenarbeit_____

☐ Medikamente_____

☐ _____

☐ _____

Datum:_____   Stimmung:

☐ Reiten (Platz / Gelände)_____

☐ Longieren / Bodenarbeit_____

☐ Medikamente_____

☐ _____

☐ _____

Datum:_____   Stimmung:

☐ Reiten (Platz / Gelände)_____

☐ Longieren / Bodenarbeit_____

☐ Medikamente_____

☐ _____

☐ _____

Datum:_____   Stimmung:

☐ Reiten (Platz / Gelände)_____

☐ Longieren / Bodenarbeit_____

☐ Medikamente_____

☐ _____

☐ _____

Datum:_____   Stimmung:

☐ Reiten (Platz / Gelände)_____

☐ Longieren / Bodenarbeit_____

☐ Medikamente_____

☐ _____

☐ _____

Datum:_____   Stimmung:

☐ Reiten (Platz / Gelände)_____

☐ Longieren / Bodenarbeit_____

☐ Medikamente_____

☐ _____

☐ _____

Datum:_____   Stimmung:

☐ Reiten (Platz / Gelände)_____

☐ Longieren / Bodenarbeit_____

☐ Medikamente_____

☐ _____

☐ _____

Datum:_____   Stimmung:

☐ Reiten (Platz / Gelände)_____

☐ Longieren / Bodenarbeit_____

☐ Medikamente_____

☐ _____

☐ _____

Datum:_____   Stimmung:

☐ Reiten (Platz / Gelände)_____

☐ Longieren / Bodenarbeit_____

☐ Medikamente_____

☐ _____

☐ _____

Datum:_____   Stimmung:

☐ Reiten (Platz / Gelände)_____

☐ Longieren / Bodenarbeit_____

☐ Medikamente_____

☐ _____

☐ _____

Datum:_____   Stimmung:

☐ Reiten (Platz / Gelände)_____

☐ Longieren / Bodenarbeit_____

☐ Medikamente_____

☐ _____

☐ _____

Datum:_____   Stimmung:

☐ Reiten (Platz / Gelände)_____

☐ Longieren / Bodenarbeit_____

☐ Medikamente_____

☐ _____

☐ _____

Datum:_____   Stimmung:

☐ Reiten (Platz / Gelände)_____

☐ Longieren / Bodenarbeit_____

☐ Medikamente_____

☐ _____

☐ _____

Datum:_____   Stimmung:

☐ Reiten (Platz / Gelände)_____

☐ Longieren / Bodenarbeit_____

☐ Medikamente_____

☐ _____

☐ _____

Datum:_____   Stimmung:

☐ Reiten (Platz / Gelände)_____

☐ Longieren / Bodenarbeit_____

☐ Medikamente_____

☐ _____

☐ _____

Datum:_____   Stimmung:

☐ Reiten (Platz / Gelände)_____

☐ Longieren / Bodenarbeit_____

☐ Medikamente_____

☐ _____

☐ _____

Datum:_____   Stimmung:

☐ Reiten (Platz / Gelände)_____

☐ Longieren / Bodenarbeit_____

☐ Medikamente_____

☐ _____

☐ _____

Datum:_____   Stimmung:

☐ Reiten (Platz / Gelände)_____

☐ Longieren / Bodenarbeit_____

☐ Medikamente_____

☐ _____

☐ _____

Datum:_____   Stimmung:

☐ Reiten (Platz / Gelände)_____

☐ Longieren / Bodenarbeit_____

☐ Medikamente_____

☐ _____

☐ _____

Datum:_____   Stimmung:

☐ Reiten (Platz / Gelände)_____

☐ Longieren / Bodenarbeit_____

☐ Medikamente_____

☐ _____

☐ _____

Datum:_____   Stimmung:

☐ Reiten (Platz / Gelände)_____

☐ Longieren / Bodenarbeit_____

☐ Medikamente_____

☐ _____

☐ _____

Datum:_____   Stimmung:

☐ Reiten (Platz / Gelände)_____

☐ Longieren / Bodenarbeit_____

☐ Medikamente_____

☐ _____

☐ _____

Datum:_____   Stimmung:

☐ Reiten (Platz / Gelände)_____

☐ Longieren / Bodenarbeit_____

☐ Medikamente_____

☐ _____

☐ _____

Datum:_____   Stimmung:

☐ Reiten (Platz / Gelände)_____

☐ Longieren / Bodenarbeit_____

☐ Medikamente_____

☐ _____

☐ _____

Datum:_____   Stimmung:

☐ Reiten (Platz / Gelände)_____

☐ Longieren / Bodenarbeit_____

☐ Medikamente_____

☐ _____

☐ _____

Datum:_____   Stimmung:

☐ Reiten (Platz / Gelände)_____

☐ Longieren / Bodenarbeit_____

☐ Medikamente_____

☐ _____

☐ _____

Datum:_____   Stimmung:

☐ Reiten (Platz / Gelände)_____

☐ Longieren / Bodenarbeit_____

☐ Medikamente_____

☐ _____

☐ _____

Datum:_____   Stimmung:

☐ Reiten (Platz / Gelände)_____

☐ Longieren / Bodenarbeit_____

☐ Medikamente_____

☐ _____

☐ _____

Datum:_____   Stimmung:

☐ Reiten (Platz / Gelände)_____

☐ Longieren / Bodenarbeit_____

☐ Medikamente_____

☐ _____

☐ _____

Datum:_____   Stimmung:

☐ Reiten (Platz / Gelände)_____

☐ Longieren / Bodenarbeit_____

☐ Medikamente_____

☐ _____

☐ _____

Datum:_____   Stimmung:

☐ Reiten (Platz / Gelände)_____

☐ Longieren / Bodenarbeit_____

☐ Medikamente_____

☐ _____

☐ _____

Datum:_____   Stimmung:

☐ Reiten (Platz / Gelände)_____

☐ Longieren / Bodenarbeit_____

☐ Medikamente_____

☐ _____

☐ _____

Datum:_____   Stimmung:

☐ Reiten (Platz / Gelände)_____

☐ Longieren / Bodenarbeit_____

☐ Medikamente_____

☐ _____

☐ _____

Datum:_____   Stimmung:

☐ Reiten (Platz / Gelände)_____

☐ Longieren / Bodenarbeit_____

☐ Medikamente_____

☐ _____

☐ _____

Datum:_____   Stimmung:

☐ Reiten (Platz / Gelände)_____

☐ Longieren / Bodenarbeit_____

☐ Medikamente_____

☐ _____

☐ _____

Datum:_____   Stimmung:

☐ Reiten (Platz / Gelände)_____

☐ Longieren / Bodenarbeit_____

☐ Medikamente_____

☐ _____

☐ _____

Datum:_____   Stimmung:

☐ Reiten (Platz / Gelände)_____

☐ Longieren / Bodenarbeit_____

☐ Medikamente_____

☐ _____

☐ _____

Datum:_____ Stimmung:

☐ Reiten (Platz / Gelände)_____

☐ Longieren / Bodenarbeit_____

☐ Medikamente_____

☐ _____

☐ _____

Datum:_____ Stimmung:

☐ Reiten (Platz / Gelände)_____

☐ Longieren / Bodenarbeit_____

☐ Medikamente_____

☐ _____

☐ _____

Datum:_____ Stimmung:

☐ Reiten (Platz / Gelände)_____

☐ Longieren / Bodenarbeit_____

☐ Medikamente_____

☐ _____

☐ _____

Datum:_____   Stimmung:

☐ Reiten (Platz / Gelände)_____

☐ Longieren / Bodenarbeit_____

☐ Medikamente_____

☐ _____

☐ _____

Datum:_____   Stimmung:

☐ Reiten (Platz / Gelände)_____

☐ Longieren / Bodenarbeit_____

☐ Medikamente_____

☐ _____

☐ _____

Datum:_____   Stimmung:

☐ Reiten (Platz / Gelände)_____

☐ Longieren / Bodenarbeit_____

☐ Medikamente_____

☐ _____

☐ _____

Datum:_____   Stimmung:

☐ Reiten (Platz / Gelände)_____

☐ Longieren / Bodenarbeit_____

☐ Medikamente_____

☐ _____

☐ _____

Datum:_____   Stimmung:

☐ Reiten (Platz / Gelände)_____

☐ Longieren / Bodenarbeit_____

☐ Medikamente_____

☐ _____

☐ _____

Datum:_____   Stimmung:

☐ Reiten (Platz / Gelände)_____

☐ Longieren / Bodenarbeit_____

☐ Medikamente_____

☐ _____

☐ _____

Datum:_____   Stimmung:

☐ Reiten (Platz / Gelände)_____
☐ Longieren / Bodenarbeit_____
☐ Medikamente_____
☐ _____
☐ _____

Datum:_____   Stimmung:

☐ Reiten (Platz / Gelände)_____
☐ Longieren / Bodenarbeit_____
☐ Medikamente_____
☐ _____
☐ _____

Datum:_____   Stimmung:

☐ Reiten (Platz / Gelände)_____
☐ Longieren / Bodenarbeit_____
☐ Medikamente_____
☐ _____
☐ _____

Datum:_____   Stimmung:

☐ Reiten (Platz / Gelände)_____

☐ Longieren / Bodenarbeit_____

☐ Medikamente_____

☐ _____

☐ _____

Datum:_____   Stimmung:

☐ Reiten (Platz / Gelände)_____

☐ Longieren / Bodenarbeit_____

☐ Medikamente_____

☐ _____

☐ _____

Datum:_____   Stimmung:

☐ Reiten (Platz / Gelände)_____

☐ Longieren / Bodenarbeit_____

☐ Medikamente_____

☐ _____

☐ _____

Datum:_____ Stimmung:

☐ Reiten (Platz / Gelände)_____

☐ Longieren / Bodenarbeit_____

☐ Medikamente_____

☐ _____

☐ _____

Datum:_____ Stimmung:

☐ Reiten (Platz / Gelände)_____

☐ Longieren / Bodenarbeit_____

☐ Medikamente_____

☐ _____

☐ _____

Datum:_____ Stimmung:

☐ Reiten (Platz / Gelände)_____

☐ Longieren / Bodenarbeit_____

☐ Medikamente_____

☐ _____

☐ _____

Datum:_____   Stimmung:

☐ Reiten (Platz / Gelände)_____

☐ Longieren / Bodenarbeit_____

☐ Medikamente_____

☐ _____

☐ _____

Datum:_____   Stimmung:

☐ Reiten (Platz / Gelände)_____

☐ Longieren / Bodenarbeit_____

☐ Medikamente_____

☐ _____

☐ _____

Datum:_____   Stimmung:

☐ Reiten (Platz / Gelände)_____

☐ Longieren / Bodenarbeit_____

☐ Medikamente_____

☐ _____

☐ _____

Datum:_____   Stimmung:

☐ Reiten (Platz / Gelände)_____

☐ Longieren / Bodenarbeit_____

☐ Medikamente_____

☐ _____

☐ _____

Datum:_____   Stimmung:

☐ Reiten (Platz / Gelände)_____

☐ Longieren / Bodenarbeit_____

☐ Medikamente_____

☐ _____

☐ _____

Datum:_____   Stimmung:

☐ Reiten (Platz / Gelände)_____

☐ Longieren / Bodenarbeit_____

☐ Medikamente_____

☐ _____

☐ _____

Datum:_____   Stimmung:

☐ Reiten (Platz / Gelände)_____

☐ Longieren / Bodenarbeit_____

☐ Medikamente_____

☐ _____

☐ _____

Datum:_____   Stimmung:

☐ Reiten (Platz / Gelände)_____

☐ Longieren / Bodenarbeit_____

☐ Medikamente_____

☐ _____

☐ _____

Datum:_____   Stimmung:

☐ Reiten (Platz / Gelände)_____

☐ Longieren / Bodenarbeit_____

☐ Medikamente_____

☐ _____

☐ _____

Datum:_____   Stimmung:

☐ Reiten (Platz / Gelände)_____
☐ Longieren / Bodenarbeit_____
☐ Medikamente_____
☐ _____
☐ _____

Datum:_____   Stimmung:

☐ Reiten (Platz / Gelände)_____
☐ Longieren / Bodenarbeit_____
☐ Medikamente_____
☐ _____
☐ _____

Datum:_____   Stimmung:

☐ Reiten (Platz / Gelände)_____
☐ Longieren / Bodenarbeit_____
☐ Medikamente_____
☐ _____
☐ _____

Datum:_____   Stimmung:

☐ Reiten (Platz / Gelände)_____

☐ Longieren / Bodenarbeit_____

☐ Medikamente_____

☐ _____

☐ _____

Datum:_____   Stimmung:

☐ Reiten (Platz / Gelände)_____

☐ Longieren / Bodenarbeit_____

☐ Medikamente_____

☐ _____

☐ _____

Datum:_____   Stimmung:

☐ Reiten (Platz / Gelände)_____

☐ Longieren / Bodenarbeit_____

☐ Medikamente_____

☐ _____

☐ _____

Datum:_____   Stimmung:

☐ Reiten (Platz / Gelände)_____
☐ Longieren / Bodenarbeit_____
☐ Medikamente_____
☐ _____
☐ _____

Datum:_____   Stimmung:

☐ Reiten (Platz / Gelände)_____
☐ Longieren / Bodenarbeit_____
☐ Medikamente_____
☐ _____
☐ _____

Datum:_____   Stimmung:

☐ Reiten (Platz / Gelände)_____
☐ Longieren / Bodenarbeit_____
☐ Medikamente_____
☐ _____
☐ _____

Datum:_____   Stimmung:

☐ Reiten (Platz / Gelände)_____

☐ Longieren / Bodenarbeit_____

☐ Medikamente_____

☐ _____

☐ _____

Datum:_____   Stimmung:

☐ Reiten (Platz / Gelände)_____

☐ Longieren / Bodenarbeit_____

☐ Medikamente_____

☐ _____

☐ _____

Datum:_____   Stimmung:

☐ Reiten (Platz / Gelände)_____

☐ Longieren / Bodenarbeit_____

☐ Medikamente_____

☐ _____

☐ _____

Datum:_____   Stimmung:

☐ Reiten (Platz / Gelände)_____

☐ Longieren / Bodenarbeit_____

☐ Medikamente_____

☐ _____

☐ _____

Datum:_____   Stimmung:

☐ Reiten (Platz / Gelände)_____

☐ Longieren / Bodenarbeit_____

☐ Medikamente_____

☐ _____

☐ _____

Datum:_____   Stimmung:

☐ Reiten (Platz / Gelände)_____

☐ Longieren / Bodenarbeit_____

☐ Medikamente_____

☐ _____

☐ _____

Datum:_____   Stimmung:

☐ Reiten (Platz / Gelände)_____

☐ Longieren / Bodenarbeit_____

☐ Medikamente_____

☐ _____

☐ _____

Datum:_____   Stimmung:

☐ Reiten (Platz / Gelände)_____

☐ Longieren / Bodenarbeit_____

☐ Medikamente_____

☐ _____

☐ _____

Datum:_____   Stimmung:

☐ Reiten (Platz / Gelände)_____

☐ Longieren / Bodenarbeit_____

☐ Medikamente_____

☐ _____

☐ _____

Datum:_____   Stimmung:

☐ Reiten (Platz / Gelände)_____

☐ Longieren / Bodenarbeit_____

☐ Medikamente_____

☐ _____

☐ _____

Datum:_____   Stimmung:

☐ Reiten (Platz / Gelände)_____

☐ Longieren / Bodenarbeit_____

☐ Medikamente_____

☐ _____

☐ _____

Datum:_____   Stimmung:

☐ Reiten (Platz / Gelände)_____

☐ Longieren / Bodenarbeit_____

☐ Medikamente_____

☐ _____

☐ _____

Datum:_____   Stimmung:

- [ ] Reiten (Platz / Gelände)_____
- [ ] Longieren / Bodenarbeit_____
- [ ] Medikamente_____
- [ ] _____
- [ ] _____

Datum:_____   Stimmung:

- [ ] Reiten (Platz / Gelände)_____
- [ ] Longieren / Bodenarbeit_____
- [ ] Medikamente_____
- [ ] _____
- [ ] _____

Datum:_____   Stimmung:

- [ ] Reiten (Platz / Gelände)_____
- [ ] Longieren / Bodenarbeit_____
- [ ] Medikamente_____
- [ ] _____
- [ ] _____

Datum:_____   Stimmung: 😁😐😖

☐ Reiten (Platz / Gelände)_____

☐ Longieren / Bodenarbeit_____

☐ Medikamente_____

☐ _____

☐ _____

Datum:_____   Stimmung: 😁😐😖

☐ Reiten (Platz / Gelände)_____

☐ Longieren / Bodenarbeit_____

☐ Medikamente_____

☐ _____

☐ _____

Datum:_____   Stimmung: 😁😐😖

☐ Reiten (Platz / Gelände)_____

☐ Longieren / Bodenarbeit_____

☐ Medikamente_____

☐ _____

☐ _____

Datum:_____   Stimmung:

☐ Reiten (Platz / Gelände)_____

☐ Longieren / Bodenarbeit_____

☐ Medikamente_____

☐ _____

☐ _____

Datum:_____   Stimmung:

☐ Reiten (Platz / Gelände)_____

☐ Longieren / Bodenarbeit_____

☐ Medikamente_____

☐ _____

☐ _____

Datum:_____   Stimmung:

☐ Reiten (Platz / Gelände)_____

☐ Longieren / Bodenarbeit_____

☐ Medikamente_____

☐ _____

☐ _____

Datum:_____   Stimmung:

☐ Reiten (Platz / Gelände)_____

☐ Longieren / Bodenarbeit_____

☐ Medikamente_____

☐ _____

☐ _____

Datum:_____   Stimmung:

☐ Reiten (Platz / Gelände)_____

☐ Longieren / Bodenarbeit_____

☐ Medikamente_____

☐ _____

☐ _____

Datum:_____   Stimmung:

☐ Reiten (Platz / Gelände)_____

☐ Longieren / Bodenarbeit_____

☐ Medikamente_____

☐ _____

☐ _____

Datum:_____ Stimmung: 😁 😐 😒

☐ Reiten (Platz / Gelände)_____

☐ Longieren / Bodenarbeit_____

☐ Medikamente_____

☐ _____

☐ _____

Datum:_____ Stimmung: 😁 😐 😒

☐ Reiten (Platz / Gelände)_____

☐ Longieren / Bodenarbeit_____

☐ Medikamente_____

☐ _____

☐ _____

Datum:_____ Stimmung: 😁 😐 😒

☐ Reiten (Platz / Gelände)_____

☐ Longieren / Bodenarbeit_____

☐ Medikamente_____

☐ _____

☐ _____

Datum:_____   Stimmung:

☐ Reiten (Platz / Gelände)_____

☐ Longieren / Bodenarbeit_____

☐ Medikamente_____

☐ _____

☐ _____

Datum:_____   Stimmung:

☐ Reiten (Platz / Gelände)_____

☐ Longieren / Bodenarbeit_____

☐ Medikamente_____

☐ _____

☐ _____

Datum:_____   Stimmung:

☐ Reiten (Platz / Gelände)_____

☐ Longieren / Bodenarbeit_____

☐ Medikamente_____

☐ _____

☐ _____

Datum:_____   Stimmung:

☐ Reiten (Platz / Gelände)_____

☐ Longieren / Bodenarbeit_____

☐ Medikamente_____

☐ _____

☐ _____

Datum:_____   Stimmung:

☐ Reiten (Platz / Gelände)_____

☐ Longieren / Bodenarbeit_____

☐ Medikamente_____

☐ _____

☐ _____

Datum:_____   Stimmung:

☐ Reiten (Platz / Gelände)_____

☐ Longieren / Bodenarbeit_____

☐ Medikamente_____

☐ _____

☐ _____

Datum:_____   Stimmung:

☐ Reiten (Platz / Gelände)_____

☐ Longieren / Bodenarbeit_____

☐ Medikamente_____

☐ _____

☐ _____

Datum:_____   Stimmung:

☐ Reiten (Platz / Gelände)_____

☐ Longieren / Bodenarbeit_____

☐ Medikamente_____

☐ _____

☐ _____

Datum:_____   Stimmung:

☐ Reiten (Platz / Gelände)_____

☐ Longieren / Bodenarbeit_____

☐ Medikamente_____

☐ _____

☐ _____

Datum:_____   Stimmung:

☐ Reiten (Platz / Gelände)_____

☐ Longieren / Bodenarbeit_____

☐ Medikamente_____

☐ _____

☐ _____

Datum:_____   Stimmung:

☐ Reiten (Platz / Gelände)_____

☐ Longieren / Bodenarbeit_____

☐ Medikamente_____

☐ _____

☐ _____

Datum:_____   Stimmung:

☐ Reiten (Platz / Gelände)_____

☐ Longieren / Bodenarbeit_____

☐ Medikamente_____

☐ _____

☐ _____

Datum:_____   Stimmung:

☐ Reiten (Platz / Gelände)_____

☐ Longieren / Bodenarbeit_____

☐ Medikamente_____

☐ _____

☐ _____

Datum:_____   Stimmung:

☐ Reiten (Platz / Gelände)_____

☐ Longieren / Bodenarbeit_____

☐ Medikamente_____

☐ _____

☐ _____

Datum:_____   Stimmung:

☐ Reiten (Platz / Gelände)_____

☐ Longieren / Bodenarbeit_____

☐ Medikamente_____

☐ _____

☐ _____

Datum:_____   Stimmung: 🐴 🐴 🐴

☐ Reiten (Platz / Gelände)_____

☐ Longieren / Bodenarbeit_____

☐ Medikamente_____

☐ _____

☐ _____

Datum:_____   Stimmung: 🐴 🐴 🐴

☐ Reiten (Platz / Gelände)_____

☐ Longieren / Bodenarbeit_____

☐ Medikamente_____

☐ _____

☐ _____

Datum:_____   Stimmung: 🐴 🐴 🐴

☐ Reiten (Platz / Gelände)_____

☐ Longieren / Bodenarbeit_____

☐ Medikamente_____

☐ _____

☐ _____

Datum:_____   Stimmung:

☐ Reiten (Platz / Gelände)_____

☐ Longieren / Bodenarbeit_____

☐ Medikamente_____

☐ _____

☐ _____

Datum:_____   Stimmung:

☐ Reiten (Platz / Gelände)_____

☐ Longieren / Bodenarbeit_____

☐ Medikamente_____

☐ _____

☐ _____

Datum:_____   Stimmung:

☐ Reiten (Platz / Gelände)_____

☐ Longieren / Bodenarbeit_____

☐ Medikamente_____

☐ _____

☐ _____

Datum:_____   Stimmung:

☐ Reiten (Platz / Gelände)_____

☐ Longieren / Bodenarbeit_____

☐ Medikamente_____

☐ _____

☐ _____

Datum:_____   Stimmung:

☐ Reiten (Platz / Gelände)_____

☐ Longieren / Bodenarbeit_____

☐ Medikamente_____

☐ _____

☐ _____

Datum:_____   Stimmung:

☐ Reiten (Platz / Gelände)_____

☐ Longieren / Bodenarbeit_____

☐ Medikamente_____

☐ _____

☐ _____

Datum:_____   Stimmung:

- ☐ Reiten (Platz / Gelände)_____
- ☐ Longieren / Bodenarbeit_____
- ☐ Medikamente_____
- ☐ _____
- ☐ _____

Datum:_____   Stimmung:

- ☐ Reiten (Platz / Gelände)_____
- ☐ Longieren / Bodenarbeit_____
- ☐ Medikamente_____
- ☐ _____
- ☐ _____

Datum:_____   Stimmung:

- ☐ Reiten (Platz / Gelände)_____
- ☐ Longieren / Bodenarbeit_____
- ☐ Medikamente_____
- ☐ _____
- ☐ _____

Datum:_____   Stimmung:

☐ Reiten (Platz / Gelände)_____

☐ Longieren / Bodenarbeit_____

☐ Medikamente_____

☐ _____

☐ _____

Datum:_____   Stimmung:

☐ Reiten (Platz / Gelände)_____

☐ Longieren / Bodenarbeit_____

☐ Medikamente_____

☐ _____

☐ _____

Datum:_____   Stimmung:

☐ Reiten (Platz / Gelände)_____

☐ Longieren / Bodenarbeit_____

☐ Medikamente_____

☐ _____

☐ _____

Datum:_____ Stimmung:

☐ Reiten (Platz / Gelände)_____

☐ Longieren / Bodenarbeit_____

☐ Medikamente_____

☐ _____

☐ _____

Datum:_____ Stimmung:

☐ Reiten (Platz / Gelände)_____

☐ Longieren / Bodenarbeit_____

☐ Medikamente_____

☐ _____

☐ _____

Datum:_____ Stimmung:

☐ Reiten (Platz / Gelände)_____

☐ Longieren / Bodenarbeit_____

☐ Medikamente_____

☐ _____

☐ _____

Datum:_____   Stimmung:

☐ Reiten (Platz / Gelände)_____

☐ Longieren / Bodenarbeit_____

☐ Medikamente_____

☐ _____

☐ _____

Datum:_____   Stimmung:

☐ Reiten (Platz / Gelände)_____

☐ Longieren / Bodenarbeit_____

☐ Medikamente_____

☐ _____

☐ _____

Datum:_____   Stimmung:

☐ Reiten (Platz / Gelände)_____

☐ Longieren / Bodenarbeit_____

☐ Medikamente_____

☐ _____

☐ _____

Datum:_____   Stimmung:

☐ Reiten (Platz / Gelände)_____

☐ Longieren / Bodenarbeit_____

☐ Medikamente_____

☐ _____

☐ _____

Datum:_____   Stimmung:

☐ Reiten (Platz / Gelände)_____

☐ Longieren / Bodenarbeit_____

☐ Medikamente_____

☐ _____

☐ _____

Datum:_____   Stimmung:

☐ Reiten (Platz / Gelände)_____

☐ Longieren / Bodenarbeit_____

☐ Medikamente_____

☐ _____

☐ _____

Datum:_____   Stimmung:

☐ Reiten (Platz / Gelände)_____

☐ Longieren / Bodenarbeit_____

☐ Medikamente_____

☐ _____

☐ _____

Datum:_____   Stimmung:

☐ Reiten (Platz / Gelände)_____

☐ Longieren / Bodenarbeit_____

☐ Medikamente_____

☐ _____

☐ _____

Datum:_____   Stimmung:

☐ Reiten (Platz / Gelände)_____

☐ Longieren / Bodenarbeit_____

☐ Medikamente_____

☐ _____

☐ _____

Datum:_____   Stimmung:

☐ Reiten (Platz / Gelände)_____

☐ Longieren / Bodenarbeit_____

☐ Medikamente_____

☐ _____

☐ _____

Datum:_____   Stimmung:

☐ Reiten (Platz / Gelände)_____

☐ Longieren / Bodenarbeit_____

☐ Medikamente_____

☐ _____

☐ _____

Datum:_____   Stimmung:

☐ Reiten (Platz / Gelände)_____

☐ Longieren / Bodenarbeit_____

☐ Medikamente_____

☐ _____

☐ _____

Datum:_____ Stimmung:

☐ Reiten (Platz / Gelände)_____
☐ Longieren / Bodenarbeit_____
☐ Medikamente_____
☐ _____
☐ _____

Datum:_____ Stimmung:

☐ Reiten (Platz / Gelände)_____
☐ Longieren / Bodenarbeit_____
☐ Medikamente_____
☐ _____
☐ _____

Datum:_____ Stimmung:

☐ Reiten (Platz / Gelände)_____
☐ Longieren / Bodenarbeit_____
☐ Medikamente_____
☐ _____
☐ _____

Datum:_____   Stimmung:

☐ Reiten (Platz / Gelände)_____

☐ Longieren / Bodenarbeit_____

☐ Medikamente_____

☐ _____

☐ _____

Datum:_____   Stimmung:

☐ Reiten (Platz / Gelände)_____

☐ Longieren / Bodenarbeit_____

☐ Medikamente_____

☐ _____

☐ _____

Datum:_____   Stimmung:

☐ Reiten (Platz / Gelände)_____

☐ Longieren / Bodenarbeit_____

☐ Medikamente_____

☐ _____

☐ _____

Datum:_____ Stimmung:

☐ Reiten (Platz / Gelände)_____

☐ Longieren / Bodenarbeit_____

☐ Medikamente_____

☐ _____

☐ _____

Datum:_____ Stimmung:

☐ Reiten (Platz / Gelände)_____

☐ Longieren / Bodenarbeit_____

☐ Medikamente_____

☐ _____

☐ _____

Datum:_____ Stimmung:

☐ Reiten (Platz / Gelände)_____

☐ Longieren / Bodenarbeit_____

☐ Medikamente_____

☐ _____

☐ _____

Datum:_____   Stimmung: 😁 😐 😟

☐ Reiten (Platz / Gelände)_____

☐ Longieren / Bodenarbeit_____

☐ Medikamente_____

☐ _____

☐ _____

Datum:_____   Stimmung: 😁 😐 😟

☐ Reiten (Platz / Gelände)_____

☐ Longieren / Bodenarbeit_____

☐ Medikamente_____

☐ _____

☐ _____

Datum:_____   Stimmung: 😁 😐 😟

☐ Reiten (Platz / Gelände)_____

☐ Longieren / Bodenarbeit_____

☐ Medikamente_____

☐ _____

☐ _____

Datum:_____   Stimmung:

☐ Reiten (Platz / Gelände)_____

☐ Longieren / Bodenarbeit_____

☐ Medikamente_____

☐ _____

☐ _____

Datum:_____   Stimmung:

☐ Reiten (Platz / Gelände)_____

☐ Longieren / Bodenarbeit_____

☐ Medikamente_____

☐ _____

☐ _____

Datum:_____   Stimmung:

☐ Reiten (Platz / Gelände)_____

☐ Longieren / Bodenarbeit_____

☐ Medikamente_____

☐ _____

☐ _____

Datum:_____   Stimmung:

☐ Reiten (Platz / Gelände)_____

☐ Longieren / Bodenarbeit_____

☐ Medikamente_____

☐ _____

☐ _____

Datum:_____   Stimmung:

☐ Reiten (Platz / Gelände)_____

☐ Longieren / Bodenarbeit_____

☐ Medikamente_____

☐ _____

☐ _____

Datum:_____   Stimmung:

☐ Reiten (Platz / Gelände)_____

☐ Longieren / Bodenarbeit_____

☐ Medikamente_____

☐ _____

☐ _____

Datum:_____   Stimmung: 🐴 🐴 🐴

☐ Reiten (Platz / Gelände)_____

☐ Longieren / Bodenarbeit_____

☐ Medikamente_____

☐ _____

☐ _____

Datum:_____   Stimmung: 🐴 🐴 🐴

☐ Reiten (Platz / Gelände)_____

☐ Longieren / Bodenarbeit_____

☐ Medikamente_____

☐ _____

☐ _____

Datum:_____   Stimmung: 🐴 🐴 🐴

☐ Reiten (Platz / Gelände)_____

☐ Longieren / Bodenarbeit_____

☐ Medikamente_____

☐ _____

☐ _____

Datum:_____   Stimmung:

☐ Reiten (Platz / Gelände)_____

☐ Longieren / Bodenarbeit_____

☐ Medikamente_____

☐ _____

☐ _____

Datum:_____   Stimmung:

☐ Reiten (Platz / Gelände)_____

☐ Longieren / Bodenarbeit_____

☐ Medikamente_____

☐ _____

☐ _____

Datum:_____   Stimmung:

☐ Reiten (Platz / Gelände)_____

☐ Longieren / Bodenarbeit_____

☐ Medikamente_____

☐ _____

☐ _____

Datum:_____ Stimmung: 😁 😐 😣

☐ Reiten (Platz / Gelände)_____

☐ Longieren / Bodenarbeit_____

☐ Medikamente_____

☐ _____

☐ _____

Datum:_____ Stimmung: 😁 😐 😣

☐ Reiten (Platz / Gelände)_____

☐ Longieren / Bodenarbeit_____

☐ Medikamente_____

☐ _____

☐ _____

Datum:_____ Stimmung: 😁 😐 😣

☐ Reiten (Platz / Gelände)_____

☐ Longieren / Bodenarbeit_____

☐ Medikamente_____

☐ _____

☐ _____

Datum:_____   Stimmung:

☐ Reiten (Platz / Gelände)_____

☐ Longieren / Bodenarbeit_____

☐ Medikamente_____

☐ _____

☐ _____

Datum:_____   Stimmung:

☐ Reiten (Platz / Gelände)_____

☐ Longieren / Bodenarbeit_____

☐ Medikamente_____

☐ _____

☐ _____

Datum:_____   Stimmung:

☐ Reiten (Platz / Gelände)_____

☐ Longieren / Bodenarbeit_____

☐ Medikamente_____

☐ _____

☐ _____

Datum:_____   Stimmung: 😁 😐 😟

☐ Reiten (Platz / Gelände)_____

☐ Longieren / Bodenarbeit_____

☐ Medikamente_____

☐ _____

☐ _____

Datum:_____   Stimmung: 😁 😐 😟

☐ Reiten (Platz / Gelände)_____

☐ Longieren / Bodenarbeit_____

☐ Medikamente_____

☐ _____

☐ _____

Datum:_____   Stimmung: 😁 😐 😟

☐ Reiten (Platz / Gelände)_____

☐ Longieren / Bodenarbeit_____

☐ Medikamente_____

☐ _____

☐ _____

Datum:_____   Stimmung:

☐ Reiten (Platz / Gelände)_____

☐ Longieren / Bodenarbeit_____

☐ Medikamente_____

☐ _____

☐ _____

Datum:_____   Stimmung:

☐ Reiten (Platz / Gelände)_____

☐ Longieren / Bodenarbeit_____

☐ Medikamente_____

☐ _____

☐ _____

Datum:_____   Stimmung:

☐ Reiten (Platz / Gelände)_____

☐ Longieren / Bodenarbeit_____

☐ Medikamente_____

☐ _____

☐ _____

Datum:_____   Stimmung:

☐ Reiten (Platz / Gelände)_____

☐ Longieren / Bodenarbeit_____

☐ Medikamente_____

☐ _____

☐ _____

Datum:_____   Stimmung:

☐ Reiten (Platz / Gelände)_____

☐ Longieren / Bodenarbeit_____

☐ Medikamente_____

☐ _____

☐ _____

Datum:_____   Stimmung:

☐ Reiten (Platz / Gelände)_____

☐ Longieren / Bodenarbeit_____

☐ Medikamente_____

☐ _____

☐ _____

Datum:_____   Stimmung:

☐ Reiten (Platz / Gelände)_____

☐ Longieren / Bodenarbeit_____

☐ Medikamente_____

☐ _____

☐ _____

Datum:_____   Stimmung:

☐ Reiten (Platz / Gelände)_____

☐ Longieren / Bodenarbeit_____

☐ Medikamente_____

☐ _____

☐ _____

Datum:_____   Stimmung:

☐ Reiten (Platz / Gelände)_____

☐ Longieren / Bodenarbeit_____

☐ Medikamente_____

☐ _____

☐ _____

Datum:_____   Stimmung:

- [ ] Reiten (Platz / Gelände)_____
- [ ] Longieren / Bodenarbeit_____
- [ ] Medikamente_____
- [ ] _____
- [ ] _____

Datum:_____   Stimmung:

- [ ] Reiten (Platz / Gelände)_____
- [ ] Longieren / Bodenarbeit_____
- [ ] Medikamente_____
- [ ] _____
- [ ] _____

Datum:_____   Stimmung:

- [ ] Reiten (Platz / Gelände)_____
- [ ] Longieren / Bodenarbeit_____
- [ ] Medikamente_____
- [ ] _____
- [ ] _____

Datum:_____   Stimmung:

☐ Reiten (Platz / Gelände)_____

☐ Longieren / Bodenarbeit_____

☐ Medikamente_____

☐ _____

☐ _____

Datum:_____   Stimmung:

☐ Reiten (Platz / Gelände)_____

☐ Longieren / Bodenarbeit_____

☐ Medikamente_____

☐ _____

☐ _____

Datum:_____   Stimmung:

☐ Reiten (Platz / Gelände)_____

☐ Longieren / Bodenarbeit_____

☐ Medikamente_____

☐ _____

☐ _____

Datum:_____   Stimmung:

☐ Reiten (Platz / Gelände)_____
☐ Longieren / Bodenarbeit_____
☐ Medikamente_____
☐ _____
☐ _____

Datum:_____   Stimmung:

☐ Reiten (Platz / Gelände)_____
☐ Longieren / Bodenarbeit_____
☐ Medikamente_____
☐ _____
☐ _____

Datum:_____   Stimmung:

☐ Reiten (Platz / Gelände)_____
☐ Longieren / Bodenarbeit_____
☐ Medikamente_____
☐ _____
☐ _____

Datum:_____   Stimmung:

☐ Reiten (Platz / Gelände)_____

☐ Longieren / Bodenarbeit_____

☐ Medikamente_____

☐ _____

☐ _____

Datum:_____   Stimmung:

☐ Reiten (Platz / Gelände)_____

☐ Longieren / Bodenarbeit_____

☐ Medikamente_____

☐ _____

☐ _____

Datum:_____   Stimmung:

☐ Reiten (Platz / Gelände)_____

☐ Longieren / Bodenarbeit_____

☐ Medikamente_____

☐ _____

☐ _____

Datum:_____   Stimmung:

☐ Reiten (Platz / Gelände)_____

☐ Longieren / Bodenarbeit_____

☐ Medikamente_____

☐ _____

☐ _____

Datum:_____   Stimmung:

☐ Reiten (Platz / Gelände)_____

☐ Longieren / Bodenarbeit_____

☐ Medikamente_____

☐ _____

☐ _____

Datum:_____   Stimmung:

☐ Reiten (Platz / Gelände)_____

☐ Longieren / Bodenarbeit_____

☐ Medikamente_____

☐ _____

☐ _____

Datum:_____ Stimmung:

☐ Reiten (Platz / Gelände)_____

☐ Longieren / Bodenarbeit_____

☐ Medikamente_____

☐ _____

☐ _____

Datum:_____ Stimmung:

☐ Reiten (Platz / Gelände)_____

☐ Longieren / Bodenarbeit_____

☐ Medikamente_____

☐ _____

☐ _____

Datum:_____ Stimmung:

☐ Reiten (Platz / Gelände)_____

☐ Longieren / Bodenarbeit_____

☐ Medikamente_____

☐ _____

☐ _____

Datum:_____   Stimmung:

☐ Reiten (Platz / Gelände)_____

☐ Longieren / Bodenarbeit_____

☐ Medikamente_____

☐ _____

☐ _____

Datum:_____   Stimmung:

☐ Reiten (Platz / Gelände)_____

☐ Longieren / Bodenarbeit_____

☐ Medikamente_____

☐ _____

☐ _____

Datum:_____   Stimmung:

☐ Reiten (Platz / Gelände)_____

☐ Longieren / Bodenarbeit_____

☐ Medikamente_____

☐ _____

☐ _____

Datum:_____   Stimmung:

☐ Reiten (Platz / Gelände)_____

☐ Longieren / Bodenarbeit_____

☐ Medikamente_____

☐ _____

☐ _____

Datum:_____   Stimmung:

☐ Reiten (Platz / Gelände)_____

☐ Longieren / Bodenarbeit_____

☐ Medikamente_____

☐ _____

☐ _____

Datum:_____   Stimmung:

☐ Reiten (Platz / Gelände)_____

☐ Longieren / Bodenarbeit_____

☐ Medikamente_____

☐ _____

☐ _____

Datum:_____   Stimmung:

☐ Reiten (Platz / Gelände)_____

☐ Longieren / Bodenarbeit_____

☐ Medikamente_____

☐ _____

☐ _____

Datum:_____   Stimmung:

☐ Reiten (Platz / Gelände)_____

☐ Longieren / Bodenarbeit_____

☐ Medikamente_____

☐ _____

☐ _____

Datum:_____   Stimmung:

☐ Reiten (Platz / Gelände)_____

☐ Longieren / Bodenarbeit_____

☐ Medikamente_____

☐ _____

☐ _____

Datum:_____   Stimmung:

☐ Reiten (Platz / Gelände)_____

☐ Longieren / Bodenarbeit_____

☐ Medikamente_____

☐ _____

☐ _____

Datum:_____   Stimmung:

☐ Reiten (Platz / Gelände)_____

☐ Longieren / Bodenarbeit_____

☐ Medikamente_____

☐ _____

☐ _____

Datum:_____   Stimmung:

☐ Reiten (Platz / Gelände)_____

☐ Longieren / Bodenarbeit_____

☐ Medikamente_____

☐ _____

☐ _____

Datum:_____ Stimmung:

☐ Reiten (Platz / Gelände)_____

☐ Longieren / Bodenarbeit_____

☐ Medikamente_____

☐ _____

☐ _____

Datum:_____ Stimmung:

☐ Reiten (Platz / Gelände)_____

☐ Longieren / Bodenarbeit_____

☐ Medikamente_____

☐ _____

☐ _____

Datum:_____ Stimmung:

☐ Reiten (Platz / Gelände)_____

☐ Longieren / Bodenarbeit_____

☐ Medikamente_____

☐ _____

☐ _____

Datum:_____   Stimmung: 🐴 🐴 🐴

☐ Reiten (Platz / Gelände)_____

☐ Longieren / Bodenarbeit_____

☐ Medikamente_____

☐ _____

☐ _____

Datum:_____   Stimmung: 🐴 🐴 🐴

☐ Reiten (Platz / Gelände)_____

☐ Longieren / Bodenarbeit_____

☐ Medikamente_____

☐ _____

☐ _____

Datum:_____   Stimmung: 🐴 🐴 🐴

☐ Reiten (Platz / Gelände)_____

☐ Longieren / Bodenarbeit_____

☐ Medikamente_____

☐ _____

☐ _____

Datum:_____   Stimmung:

☐ Reiten (Platz / Gelände)_____

☐ Longieren / Bodenarbeit_____

☐ Medikamente_____

☐ _____

☐ _____

Datum:_____   Stimmung:

☐ Reiten (Platz / Gelände)_____

☐ Longieren / Bodenarbeit_____

☐ Medikamente_____

☐ _____

☐ _____

Datum:_____   Stimmung:

☐ Reiten (Platz / Gelände)_____

☐ Longieren / Bodenarbeit_____

☐ Medikamente_____

☐ _____

☐ _____

Datum:_____   Stimmung:

☐ Reiten (Platz / Gelände)_____

☐ Longieren / Bodenarbeit_____

☐ Medikamente_____

☐ _____

☐ _____

Datum:_____   Stimmung:

☐ Reiten (Platz / Gelände)_____

☐ Longieren / Bodenarbeit_____

☐ Medikamente_____

☐ _____

☐ _____

Datum:_____   Stimmung:

☐ Reiten (Platz / Gelände)_____

☐ Longieren / Bodenarbeit_____

☐ Medikamente_____

☐ _____

☐ _____

Datum:_____   Stimmung:

☐ Reiten (Platz / Gelände)_____

☐ Longieren / Bodenarbeit_____

☐ Medikamente_____

☐ _____

☐ _____

Datum:_____   Stimmung:

☐ Reiten (Platz / Gelände)_____

☐ Longieren / Bodenarbeit_____

☐ Medikamente_____

☐ _____

☐ _____

Datum:_____   Stimmung:

☐ Reiten (Platz / Gelände)_____

☐ Longieren / Bodenarbeit_____

☐ Medikamente_____

☐ _____

☐ _____

Datum:_____   Stimmung: 😀 😐 😟

☐ Reiten (Platz / Gelände)_____

☐ Longieren / Bodenarbeit_____

☐ Medikamente_____

☐ _____

☐ _____

Datum:_____   Stimmung: 😀 😐 😟

☐ Reiten (Platz / Gelände)_____

☐ Longieren / Bodenarbeit_____

☐ Medikamente_____

☐ _____

☐ _____

Datum:_____   Stimmung: 😀 😐 😟

☐ Reiten (Platz / Gelände)_____

☐ Longieren / Bodenarbeit_____

☐ Medikamente_____

☐ _____

☐ _____

Datum:_____   Stimmung:

☐ Reiten (Platz / Gelände)_____

☐ Longieren / Bodenarbeit_____

☐ Medikamente_____

☐ _____

☐ _____

Datum:_____   Stimmung:

☐ Reiten (Platz / Gelände)_____

☐ Longieren / Bodenarbeit_____

☐ Medikamente_____

☐ _____

☐ _____

Datum:_____   Stimmung:

☐ Reiten (Platz / Gelände)_____

☐ Longieren / Bodenarbeit_____

☐ Medikamente_____

☐ _____

☐ _____

Datum:_____   Stimmung: 😁 😐 😟

☐ Reiten (Platz / Gelände)_____

☐ Longieren / Bodenarbeit_____

☐ Medikamente_____

☐ _____

☐ _____

Datum:_____   Stimmung: 😁 😐 😟

☐ Reiten (Platz / Gelände)_____

☐ Longieren / Bodenarbeit_____

☐ Medikamente_____

☐ _____

☐ _____

Datum:_____   Stimmung: 😁 😐 😟

☐ Reiten (Platz / Gelände)_____

☐ Longieren / Bodenarbeit_____

☐ Medikamente_____

☐ _____

☐ _____

Datum:_____   Stimmung:

☐ Reiten (Platz / Gelände)_____

☐ Longieren / Bodenarbeit_____

☐ Medikamente_____

☐ _____

☐ _____

Datum:_____   Stimmung:

☐ Reiten (Platz / Gelände)_____

☐ Longieren / Bodenarbeit_____

☐ Medikamente_____

☐ _____

☐ _____

Datum:_____   Stimmung:

☐ Reiten (Platz / Gelände)_____

☐ Longieren / Bodenarbeit_____

☐ Medikamente_____

☐ _____

☐ _____

Datum:_____   Stimmung:

☐ Reiten (Platz / Gelände)_____

☐ Longieren / Bodenarbeit_____

☐ Medikamente_____

☐ _____

☐ _____

Datum:_____   Stimmung:

☐ Reiten (Platz / Gelände)_____

☐ Longieren / Bodenarbeit_____

☐ Medikamente_____

☐ _____

☐ _____

Datum:_____   Stimmung:

☐ Reiten (Platz / Gelände)_____

☐ Longieren / Bodenarbeit_____

☐ Medikamente_____

☐ _____

☐ _____

Datum:_____   Stimmung:

☐ Reiten (Platz / Gelände)_____

☐ Longieren / Bodenarbeit_____

☐ Medikamente_____

☐ _____

☐ _____

Datum:_____   Stimmung:

☐ Reiten (Platz / Gelände)_____

☐ Longieren / Bodenarbeit_____

☐ Medikamente_____

☐ _____

☐ _____

Datum:_____   Stimmung:

☐ Reiten (Platz / Gelände)_____

☐ Longieren / Bodenarbeit_____

☐ Medikamente_____

☐ _____

☐ _____

Datum:_____   Stimmung:

☐ Reiten (Platz / Gelände)_____

☐ Longieren / Bodenarbeit_____

☐ Medikamente_____

☐ _____

☐ _____

Datum:_____   Stimmung:

☐ Reiten (Platz / Gelände)_____

☐ Longieren / Bodenarbeit_____

☐ Medikamente_____

☐ _____

☐ _____

Datum:_____   Stimmung:

☐ Reiten (Platz / Gelände)_____

☐ Longieren / Bodenarbeit_____

☐ Medikamente_____

☐ _____

☐ _____

Notizen

Notizen

Notizen

Notizen

Notizen

Notizen:

Impressum

MODARTIS Publishing

Ronja Brandl

Auf der Heid 9

35644 Hohenahr

Info(at)modartis.net

Germany